우리나라
예쁜 동시
따라쓰기

일러두기

이 책의 동시들은 최대한 원작 그대로를 따랐습니다.
저작권 확인을 완료하지 못한 동시는 추후 확인되는 대로 적법한 절차에 따라 저작권료를 지불하겠습니다.

우리나라
예쁜 동시
따라 쓰기

야강래 엮음

오렌지연필

들어가는 말
우리나라 예쁜 동시
손글씨로 써봐요

  한국인에게는 흥이 잔뜩이요, 애잔한 한이 담겨 묘한 분위기가 형성되고 그것이 우리도 모르는 새 드러난다는 말이 있습니다. 그만큼 우리 민족의 정서는 독특하다는 의미지요. 그 흥과 한이 감성적으로 드러나는, 우리의 독특한 표현과 감성이 담긴 동시를 모았습니다.

  컴퓨터와 휴대전화 등 기계가 많이 발달한 요즘에도 우리 일상에서는 손글씨 쓸 일이 꼭 생깁니다. 간단한 메모, 택배 보내는 주소 쓰기 등등요. 그런데 막상 쓰려고 하면 어떤가요? 생각만큼 손이 잘 움직이지 않습니다. 삐뚤빼뚤하기 일쑤죠. 이럴 때 손글씨 잘 쓰고 싶다는 마음이 들지요.

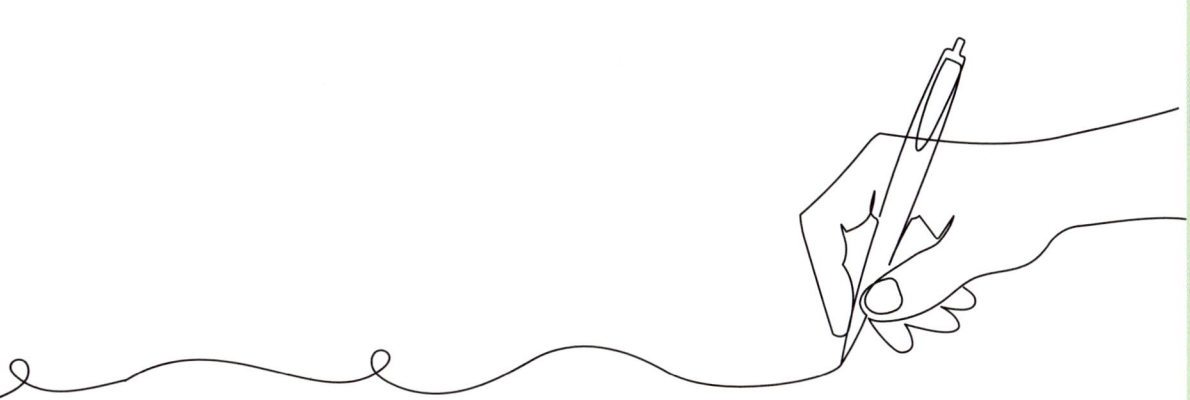

    손글씨에 품격이 드러난다는 말이 있는 만큼 우리는 조금이나마 연습을 해야 합니다. 다행히 글씨는 연습을 통해 잘 쓸 수 있죠. 연습의 양과 질에 따라 우리의 실력은 높아질 수 있어요. 그러니 무조건 많이 따라 써보면 좋은 결과를 얻을 수 있답니다.

    먼저 한 글자 한 글자 천천히 똑바로 쓰는 연습을 하되, 모든 글자 크기와 글자 간 간격이 일정하도록 주의를 기울입니다. 그러한 과정을 충분히 거친 다음엔 간격을 유지하면서 모양 내는 것에 도전합니다.

    이 책《우리나라 예쁜 동시 따라 쓰기》는 손글씨를 적으면서 짧지만 아름다운 시들을 만끽해보는 시간을 선사해줍니다. 따라 쓰는 시간을 통해 품격을 높이고, 마음을 안정시켜 기분 좋아지는 시를 음미해보기로 해요.

들어가는 말 *4
우리나라 예쁜 동시
손글씨로 써봐요

1장 *9
기본기 연습

자음과 모음
알파벳
숫자와 기호

2장 *21
동시 따라 쓰기

동시 목록

개구리 _ 22
별똥 _ 24
우리 동리 _ 26
영치기 영차 _ 28
산울림 _ 30
바닷가에서 _ 32
눈 내리는 밤 _ 34
봄 1 _ 36
강아지풀 _ 38
반딧불 _ 40
나무 _ 42
다람 다람 다람쥐 _ 44
겨울 _ 46
굴뚝새 _ 48
늙은 잠자리 _ 50
개미 _ 52
오리 _ 54
엄마야 누나야 _ 56
애기와 별 _ 58
수염 _ 60
오줌싸개 지도 _ 62
새 신 _ 64
해바라기 얼골 _ 66
편지 _ 68
무얼 먹고 사나 _ 70

귀뚜라미와 나와 _ 72
부엉새 _ 74
서시 _ 76
산 샘물 _ 78
귀뚜라미 _ 80
장맛비 갠 날 _ 82
고추잠자리 _ 84
할아버지 _ 86
땅감나무 _ 89
섬집 아기 _ 90
파란 마음 하얀 마음 _ 92
달밤 _ 94
맑은 날 _ 96
바람이 길을 묻나 봐요 _ 98
봉선화 _ 100
주사 맞던 날 _ 102
돌과 물 _ 104
호주머니 _ 106
겨울 참새 _ 108
송아지 _ 110
형제별 _ 112
감자꽃 _ 114
봄 뜰 _ 116
조개껍질 _ 118

1장
기본기 연습

자음과 모음

한글맞춤법 제2장 자모에는 '한글 자모의 수는 스물넉 자로 하고, 그 순서와 이름은 다음과 같이 정한다'라고 하였습니다. 자모의 순서를 익히고 정확하게 쓰는 연습을 통해 바르고 예쁜 손글씨를 완성해보아요.

자음

ㄱ	ㄱ	ㄱ			ㄱ	ㄱ	ㄱ		
ㄲ	ㄲ	ㄲ			ㄲ	ㄲ	ㄲ		
ㄴ	ㄴ	ㄴ			ㄴ	ㄴ	ㄴ		
ㄷ	ㄷ	ㄷ			ㄷ	ㄷ	ㄷ		
ㄸ	ㄸ	ㄸ			ㄸ	ㄸ	ㄸ		
ㄹ	ㄹ	ㄹ			ㄹ	ㄹ	ㄹ		
ㅁ	ㅁ	ㅁ			ㅁ	ㅁ	ㅁ		
ㅂ	ㅂ	ㅂ			ㅂ	ㅂ	ㅂ		
ㅃ	ㅃ	ㅃ			ㅃ	ㅃ	ㅃ		
ㅅ	ㅅ	ㅅ			ㅅ	ㅅ	ㅅ		
ㅆ	ㅆ	ㅆ			ㅆ	ㅆ	ㅆ		
ㅇ	ㅇ	ㅇ			ㅇ	ㅇ	ㅇ		
ㅈ	ㅈ	ㅈ			ㅈ	ㅈ	ㅈ		
ㅉ	ㅉ	ㅉ			ㅉ	ㅉ	ㅉ		

ㅊ	ㅊ	ㅊ				ㅊ	ㅊ	ㅊ			
ㅋ	ㅋ	ㅋ				ㅋ	ㅋ	ㅋ			
ㅌ	ㅌ	ㅌ				ㅌ	ㅌ	ㅌ			
ㅍ	ㅍ	ㅍ				ㅍ	ㅍ	ㅍ			
ㅎ	ㅎ	ㅎ				ㅎ	ㅎ	ㅎ			

모음

ㅏ	ㅏ	ㅏ				ㅏ	ㅏ	ㅏ			
ㅐ	ㅐ	ㅐ				ㅐ	ㅐ	ㅐ			
ㅑ	ㅑ	ㅑ				ㅑ	ㅑ	ㅑ			
ㅒ	ㅒ	ㅒ				ㅒ	ㅒ	ㅒ			
ㅓ	ㅓ	ㅓ				ㅓ	ㅓ	ㅓ			
ㅔ	ㅔ	ㅔ				ㅔ	ㅔ	ㅔ			
ㅕ	ㅕ	ㅕ				ㅕ	ㅕ	ㅕ			
ㅖ	ㅖ	ㅖ				ㅖ	ㅖ	ㅖ			
ㅗ	ㅗ	ㅗ				ㅗ	ㅗ	ㅗ			
ㅘ	ㅘ	ㅘ				ㅘ	ㅘ	ㅘ			
ㅙ	ㅙ	ㅙ				ㅙ	ㅙ	ㅙ			

가족 모두 함께 열심히 연습해봐요
멋진 손글씨를 가질 수 있습니다.

알파벳

영어가 일상어가 되고 있는 시대입니다. 한글의 자모가 정형화된 글씨라 필기구 잡는 법에 따라 영향을 받는다면, 영어의 알파벳은 잡는 방법이 자유롭습니다. 미국에서는 5~6가지 필기구 잡는 방식이 있을 정도지요. 우리나라에서는 영어도 필기체가 아닌 인쇄체를 사용하고 있으니 이를 연습해보아요.

대문자

A A A   A A A

B B B   B B B

C C C   C C C

D D D   D D D

E E E   E E E

F F F   F F F

G G G   G G G

H H H   H H H

I I I   I I I

J J J	J J J
K K K	K K K
L L L	L L L
M M M	M M M
N N N	N N N
O O O	O O O
P P P	P P P
Q Q Q	Q Q Q
R R R	R R R
S S S	S S S
T T T	T T T
U U U	U U U

V V V　　V V V

W W W　　W W W

X X X　　X X X

Y Y Y　　Y Y Y

Z Z Z　　Z Z Z

소문자

a a a　　a a a

b b b　　b b b

c c c　　c c c

d d d　　d d d

e e e　　e e e

f f f　　f f f

g g g	g g g
h h h	h h h
i i i	i i i
j j j	j j j
k k k	k k k
l l l	l l l
m m m	m m m
n n n	n n n
o o o	o o o
p p p	p p p
q q q	q q q
r r r	r r r

s s s　　　s s s

t t t　　　t t t

u u u　　　u u u

v v v　　　v v v

w w w　　　w w w

x x x　　　x x x

y y y　　　y y y

z z z　　　z z z

시작이 반이다!
열심히 연습하면 멋진 손글씨를 쓸 수 있습니다.

숫자와 기호

숫자와 기호는 한글과 비슷한 크기와 모양을 유지해야 합니다. 그럴 때 조화로운 손글씨를 완성할 수 있습니다. 각진 글씨체를 쓰는 이는 숫자와 기호도 힘차 보이는 각을 구사해 통일감을 유지합니다. 한편, 둥글둥글한 글씨체를 쓰는 이는 숫자와 기호도 부드럽고 둥글게 구사해 전체 손글씨의 조화를 이룹니다.

숫자

1	1				1	1			
2	2				2	2			
3	3				3	3			
4	4				4	4			
5	5				5	5			
6	6				6	6			
7	7				7	7			
8	8				8	8			
9	9				9	9			
0	0				0	0			

기호

!	!				!	!			
?	?				?	?			

.	.					.	.				
,	,					,	,				
'	'					'	'				
'	'					'	'				
"	"					"	"				
"	"					"	"				
<	<					<	<				
>	>					>	>				
{	{					{	{				
}	}					}	}				
%	%					%	%				

자주 쓰는 물건을 그려보아요

2장

동시 따라 쓰기

개구리

_한하운

가갸 거겨
고교 구규
그기 가.

라랴 러려
로료 루류
르리 라.

가	야	거	겨	가	야	거	겨
고	교	구	규	고	교	구	규
그	기	가.		그	기	가.	

라	랴	러	려	라	랴	러	려
로	료	루	류	로	료	루	류
르	리	라.		르	리	라.	

별똥
_정지용

별똥 떠러진 곳,
마음해 두었다
다음날 가 보려,
벼르다 벼르다
인젠 다 자랐오.

별똥
_정지용

별똥 떨어진 곳,
마음에 두었다
다음날 가 보려,
벼르다 벼르다
이젠 다 자랐소.

우리 동리

_김오월

살구꽃도
복사꽃도
활짝활짝
다 피었네.

우리 동리
멀리서도
다 보이겠네.

영치기 영차

_박소농

깜장 흙 속의 푸른 새싹들이
흙덩이를 떠밀고 나오면서
히―영치기 영차
히―영치기 영차

돌팍* 밑에 이쁜 새싹들이
돌팍을 떠밀고 나오면서
히―영치기 영차
히―영치기 영차

흙덩이도 무섭지 않고
돌덩이도 무섭지 않은 애기싹들이
히―영치기 영차
히―영치기 영차

* 돌팍: '돌멩이'의 사투리

산울림

_윤동주

까치가 울어서
산울림,
아무도 못 들은
산울림.

까치가 들었다
산울림,
저 혼자 들었다
산울림.

산울림
윤동주

바닷가에서

_윤복진

바닷가에 조그만 돌
어여뻐서 주워 보면
다른 돌이 또 좋아서
자꾸 새것 바꿉니다.

바닷가의 모래밭에
한이 없는 조그만 돌
어여뻐서 바꾸고도
주워 들면 싫어져요.

바닷가의 모래밭엔
돌멩이도 많지요
맨 처음 버린 돌을
다시 찾다 해가 져요.

눈 내리는 밤

_강소천

말 없이
소리 없이
눈 내리는 밤.

누나도 잠이 들고
엄마도 잠이 들고

말 없이
소리 없이
눈 내리는 밤.

나는 나하고
이야기하고 싶다.

봄 1
_윤동주

우리 애기는
아래 발치에서 코올코올,

고양이는
가마목*에서 가릉가릉,

애기 바람이
나뭇가지에 소올소올,

아저씨 해님이
하늘 한가운데서 째앵째앵.

* 가마목: 가마솥이 걸려 있는 부뚜막이나 그 둘레

봄 1
윤동주

우리 애기는
아래 발치에서 코올코올,

고양이는
가마목에서 가릉가릉,

애기 바람이
나뭇가지에 소올소올,

아저씨 해님이
하늘 한가운데서 째앵째앵

강아지풀

_김구연

오요요
오요요
불러 볼까요.

보송보송
털 세우고
몸을 흔드는.

강아지풀
강아지풀
불러 볼까요.

강아지풀
김구연

_____
_____
_____
_____
_____
_____
_____
_____

반딧불

_윤동주

가자 가자 가자
숲으로 가자
달 조각을 주우러
숲으로 가자.

그믐밤 반딧불은
부서진 달 조각

가자 가자 가자
숲으로 가자
달 조각을 주우러
숲으로 가자.

반딧불
윤동주

나무

_윤동주

나무가 춤을 추면
바람이 불고,
나무가 잠잠하면
바람도 자오.

나무가 춤을 추면
바람이 불고,
나무가 잠잠하면
바람도 자오.

다람 다람 다람쥐

_박목월

다람 다람 다람쥐
알밤 줍는 다람쥐
보름 보름 달밤에
알밤 줍는 다람쥐

알밤인가 하고
조약돌도 줍고
알밤인가 하고
솔방울도 줍고

다람 다람 다람쥐
알밤 줍는 다람쥐
보름 보름 달밤에
알밤 줍는 다람쥐

알밤인가 하고
조약돌도 줍고
알밤인가 하고
솔방울도 줍고

다람 다람 다람쥐
박목월

겨울

_윤동주

처마 밑에
시래기 다래미*
바삭바삭
추워요.

길바닥에
말똥 동그래미
달랑달랑
얼어요.

* 다래미: '두름(사리 따위의 산나물을 열 모숨 정도로 엮은 것)'의 평안도 사투리

굴뚝새
_정지용

굴뚝새 굴뚝새

어머니—
문 열어 놓아 주오, 들어오게
이불 안에
식전내— 재워 주지

어머니—
산에 가 얼어 죽으면 어쩌우
박쪽에다
숯불 피워다 주지

굴뚝새
정지용

늙은 잠자리

_방정환

수수나무 마나님
좋은 마나님
오늘 저녁 하로*만
재워 주시오
아니 아니 안 돼요
무서워서요
당신 눈이 무서워
못 재웁니다

잠 잘 곳이 없어서
늙은 잠자리
바지랑대* 갈퀴에
혼자 앉아서
치운* 바람 슬퍼서
한숨 짓는데
감나무 마른 잎이
떨어집니다

* 하로: '하루'의 사투리
* 바지랑대: 빨랫줄을 받치는 긴 막대기
* 치운: '추운'의 사투리

늙은 잠자리

방정환

개미
_김소월

진달래 꽃이 피고
바람은 버들가지에서 울 때,
개미는
허리 가늣한 개미는
봄날의 한나절, 오늘 하루도
고달피 부지런히 집을 지어라.

개미
김소월

오리
_권태응

둥둥 엄마 오리,
못물 위에 둥둥.

동동 애기 오리,
엄마 따라 동동.

바람은 솔솔
물결은 살살

풍덩 엄마 오리,
못물 속에 풍덩.

퐁당 애기 오리,
엄마 따라 퐁당.

우리

친대웅

엄마야 누나야

_김소월

엄마야 누나야 강변 살자.
뜰에는 반짝이는 금모래빛,
뒷문 밖에는 갈잎의 노래,
엄마야 누나야 강변 살자.

엄마야 누나야
김소월

엄마야 누나야 강변 살자.
뜰에는 반짝이는 금모래빛,
뒷문 밖에는 갈잎의 노래,
엄마야 누나야 강변 살자.

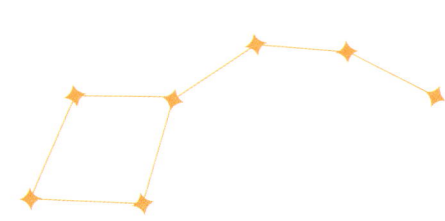

애기와 별

_최순애

해가 지면 별애기 놀러 나와도
울 애기는 엄마 품에 잠이 들지요.

해가 뜨면 울 애기 놀러 나와도
별애기는 눈 감고 잠이 들지요.

애기하고 별하고 서로 만나서
함께 웃고 노는 게 보고 싶어요.

수염
_오장환

나는, 나는,
할아버지마냥 늙어서
수염 나거든

누가, 누가,
더 긴―가
내기할 테야.

수염   오장환

나는, 나는,
할아버지마냥 늙어서
수염 나거든

누가, 누가,
더 긴-가
내기할 테야.

오줌싸개 지도

_윤동주

빨랫줄에 걸어 논
요에다 그린 지도
지난 밤에 내 동생
오줌 싸 그린 지도

꿈에 가 본 엄마 계신
별나라 지돈가?
돈 벌러 간 아빠 계신
만주 땅 지돈가?

오줌싸개 지도   윤동주

새 신

_윤석중

새 신을 신고
뛰어 보자 팔짝,
머리가 하늘까지 닿겠네.

새 신을 신고
달려 보자 휙휙,
단숨에 높은 산도 넘겠네.

해바라기 얼골

_윤동주

누나의 얼골*은
해바라기 얼골
해가 금방 뜨자
일터에 간다.

해바라기 얼골은
누나의 얼골
얼골이 숙어들어*
집으로 온다.

* 얼골: '얼굴'의 비표준어
* 숙다: 기운 따위가 줄어지다

편지

_윤동주

누나!
이 겨울에도
눈이 가득히 왔습니다.

흰 봉투에
눈을 한 줌 넣고
글씨도 쓰지 말고
우표도 붙이지 말고
말숙*하게 그대로
편지를 부칠가요*?

누나 가신 나라엔
눈이 아니 온다기에.

* 말숙하게: '말쑥하게'의 원문
* 부칠가요: '부칠까요'의 원문

무얼 먹고 사나

_윤동주

바닷가 사람
물고기 잡아먹고 살고

산골엣 사람
감자 구워 먹고 살고

별나라 사람
무얼 먹고 사나.

무얼 먹고 사나
윤동주

바닷가 사람
물고기 잡아먹고 살고

산골엣 사람
감자 구워 먹고 살고

별나라 사람
무얼 먹고 사나.

귀뚜라미와 나와

_윤동주

귀뚜라미와 나와
잔디밭에서 이야기했다.

귀뜰귀뜰*
귀뜰귀뜰

아무에게도 알으켜* 주지 말고
우리 둘만 알자고 약속했다.

귀뜰귀뜰
귀뜰귀뜰

귀뚜라미와 나와
달 밝은 밤에 이야기했다.

* 귀뜰귀뜰: '귀뚤귀뚤'의 원문
* 알으키다: '가르치다'의 방언

귀뚜라미와 나와

윤동주

부엉새*

_김소월

간밤에
뒷 창(窓) 밖에
부헝새*가 와서 울더니,
하루를 바다 위에 구름이 캄캄.
오늘도 해 못 보고 날이 저무네.

* 부엉새: 올빼밋과 부엉이를 통틀어 이르는 말. '올빼미'의 방언
* 부헝새: '부엉새'의 원문

부엉새

김소월

서시

_윤동주

죽는 날까지 하늘을 우러러
한 점 부끄럼이 없기를,
잎새에 이는 바람에도
나는 괴로워했다.
별을 노래하는 마음으로
모든 죽어가는 것을 사랑해야지.
그리고 나한테 주어진 길을
걸어가야겠다.

오늘 밤에도 별이 바람에 스치운다.

서시

윤동주

산 샘물

_권태응

바위 틈새 속에서
쉬지 않고 송송송.

맑은 물이 고여선
넘쳐흘러 졸졸졸.

푸고 푸고 또 퍼도
끊임없이 송송송.

푸다 말고 놔두면
다시 고여 졸졸졸.

산 샘물
권태응

귀뚜라미
_방정환

귀뚜라미 귀뚜르
가느단 소리,
달님도 추워서
파랗습니다.

울밑에 과꽃이
네 밤만 자면
눈 오는 겨울이 찾아온다고……

귀뚜라미 귀뚜르
가느단 소리,
뜰 앞에 오동잎이
떨어집니다.

장맛비 갠 날

_권태응

활짝 장맛비
개었습니다.
새빨간 봉숭아
눈부십니다.
맴 맴 매미들
울어 댑니다.

이젠 장맛비
개었습니다.
잠자리도 좋아서
날아 댑니다.
우리들은 고기잡이
개울 갑니다.

고추잠자리

_권태응

혼자서 떠 헤매는
고추잠자리,
어디서 서리 찬 밤
잠을 잤느냐?

빨갛게 익어 버린
구기자 열매,
한 개만 따 먹고서
동무 찾아라.

고추 잠자라

할아버지

_정지용

할아버지가
담뱃대를 물고
들에 나가시니,
궂은 날도
곱게 개이고,
할아버지가
도롱이를 입고
들에 나가시니,
가문 날도
비가 오시네.

땅감나무

_권태응

키가 너무 높으면,
까마귀 떼 날아와 따 먹을까 봐
키 작은 땅감나무 되었답니다.

키가 너무 높으면,
아기들 올라가다 떨어질까 봐
키 작은 땅감나무 되었답니다.

섬집 아기

_한인현

엄마가 섬 그늘에 굴 따러 가면,
아기가 혼자 남아 집을 보다가
바다가 불러 주는 자장 노래에
팔 베고 스르르르 잠이 듭니다.

아기는 잠을 곤히 자고 있지만,
갈매기 울음소리 맘이 설레어
다 못 찬 굴 바구니 머리에 이고
엄마는 모랫길을 달려옵니다.

엄마가 섬 그늘에 굴 따러 가면 아기가 혼자 남아 집을 보다가 바다가 불러 주는 자장 노래에 팔 베고 스르르 잠이 듭니다. 아기는 잠을 곤히 자고 있지만, 갈매기 울음소리 맘이 설레어 다 못 찬 굴 바구니 머리에 이고 엄마는 모랫길을 달려옵니다.

파란 마음 하얀 마음

_어효선

우리들 마음에 빛이 있다면
여름엔 여름엔 파랄 거예요.
산도 들도 나무도 파란 잎으로
파랗게 파랗게 덮인 속에서
파아란 하늘 보며 자라니까요.

우리들 마음에 빛이 있다면
겨울엔 겨울엔 하얄 거예요.
산도 들도 지붕도 하얀 눈으로
하얗게 하얗게 덮인 속에서
깨끗한 마음으로 자라니까요.

파란 마음 하얀 마음   어효선

달밤

_강소천

달밤
보름달 밤
우리 집 새하얀 담벽에
달님이 곱게 그려 놓은
나무
나뭇가지.

달밤 강소천

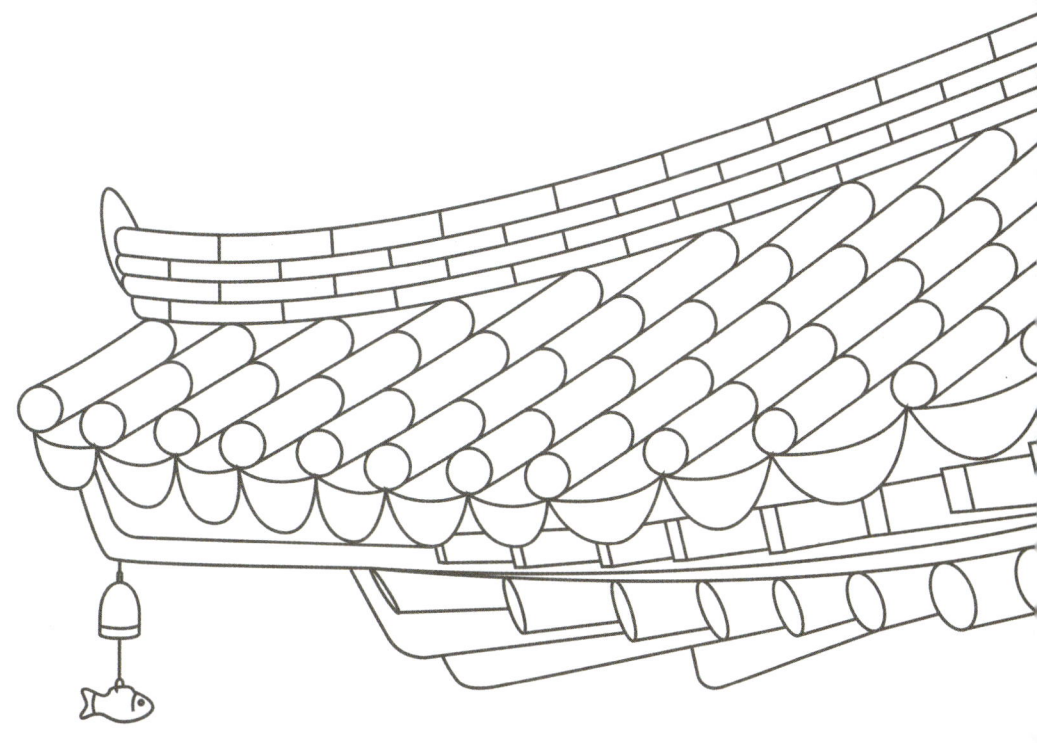

맑은 날
_손동연

가을은 저 혼자서도
잘 논다.
앞으로 나란히 나란히 줄지어 선 옥수수들에게
—어디 보자,
뻐드렁니가 났나
안 났나?
치과 의사 같은 햇볕이 찾아가
들여다보기도 하고
심심하면
아무 곳에나 고추잠자리 떼를
풀어 놓기도 한다.
가을은 그렇게
가을끼리 잘 논다.

맑은 날 손동연

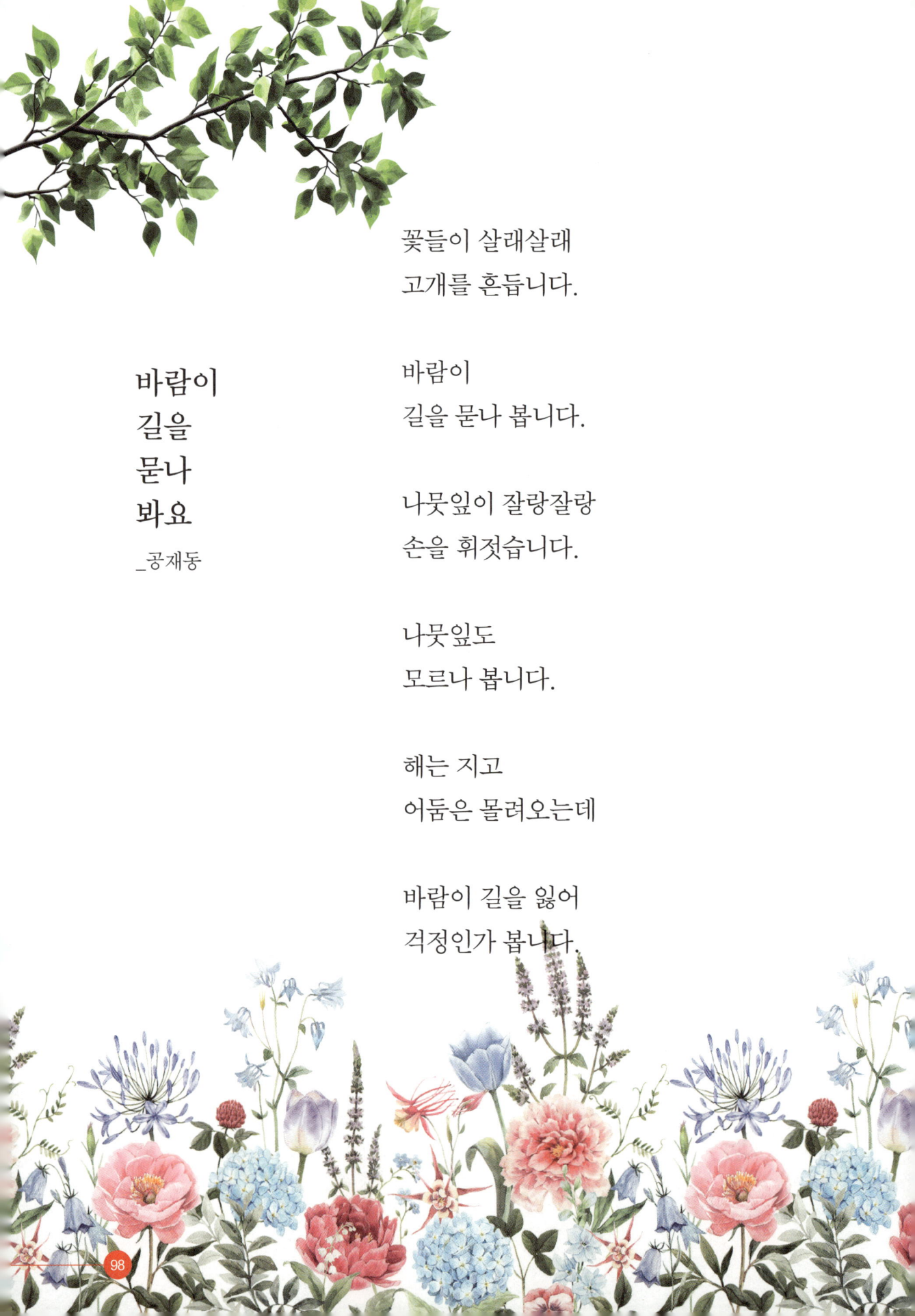

바람이 길을 묻나 봐요
_공재동

꽃들이 살래살래
고개를 흔듭니다.

바람이
길을 묻나 봅니다.

나뭇잎이 잘랑잘랑
손을 휘젓습니다.

나뭇잎도
모르나 봅니다.

해는 지고
어둠은 몰려오는데

바람이 길을 잃어
걱정인가 봅니다.

바람이 길을 묻나 봐요 공재동

봉선화

_서덕출

옛날의 왕자 별을
못 잊어서요.
새빨간 치마 입은
고운 색시가
흩어진 봉선화를
고이 모아서
올해도 손끝에
물들입니다.

주사 맞던 날

_서재환

예방 주사 놓으려고
의사 선생님이 들어오시자
왁자한 교실 안이
금세 꽁꽁 얼어붙고

차례를
기다리는 가슴이
콩닥콩닥 방아 찧는다.

뾰족한 바늘 끝이
반짝하고 빛날 때면

다른 아이 비명 소리에
내 팔뚝이 더 아프고

주사를
맞기도 전에
유리창에 내 눈물이…….

주사 맞던 날
_서재환

돌과 물

_윤석중

바윗돌 깨뜨려 돌덩이
돌덩이 깨뜨려 돌멩이
돌멩이 깨뜨려 자갈돌
자갈돌 깨뜨려 모래알
랄라랄랄라 랄랄라
랄라랄랄라 랄랄라

도랑물 모여서 개울물
개울물 모여서 시냇물
시냇물 모여서 큰강물
큰강물 모여서 바닷물
랄라랄랄라 랄랄라
랄라랄랄라 랄랄라

돌과 물
윤석중

바윗돌

돌덩이

돌멩이

자갈돌

모래알

도랑물

개울물

시냇물

큰강물

바닷물

호주머니
_윤동주

넣을 것 없어
걱정이던
호주머니는

겨울만 되면
주먹 두 개 갑북갑북*.

* 갑북갑북: '가득'을 뜻하는 평안도 방언

내울 것 없어
걱정이던
호주머니는

겨울만 되면
주먹 두 개 갑북갑북.

호주머니 운동주

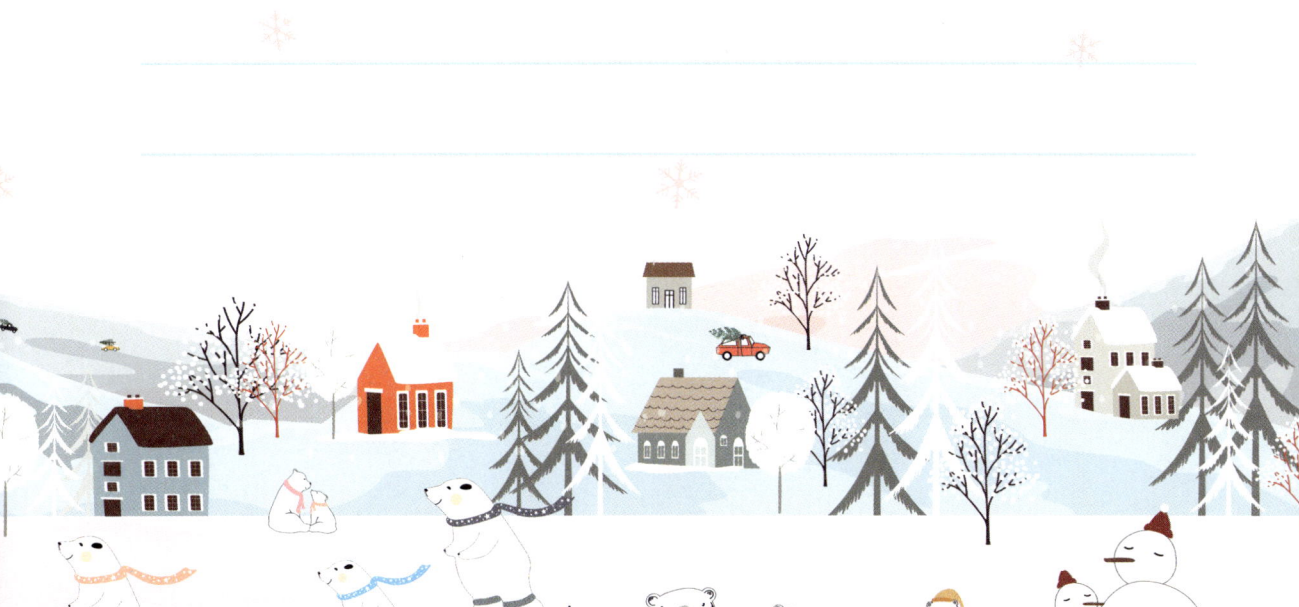

겨울 참새

_양회성

콧등 꽁꽁
귓불 꽁꽁
겨울 아침.
대숲에
일렁이는 바람
해님과 숨바꼭질
고 속에
옹기종기 모여
재잘대는
참새 떼
지난
가을날이 그리워
총총총
종종걸음.

겨울 참새
양희성

콧등 꽁꽁
젓불 꽁꽁
겨울 아침.
대숲에
일렁이는 바람
해님과 숨바꼭질
고 속에
옹기종기 모여
재잘대는
참새 떼
지난
가을날이 그리워
총총총
종종걸음.

송아지
_김상옥

엄마 곁을 떨어져
읍내 장으로
송아지가 비를 맞고
팔리러 간다.
엄마소는 앞내펄
들일 나가고,
엄마도 없는 틈에
팔리러 간다.
굽이 잦은 산길로
비가 오는데
엄메 엄메 부르며
팔리러 간다.

송아지
김상옥

형제별

_방정환

날 저무는 하늘에
별이 삼형제
빤짝빤짝
정답게 지내이더니
웬일인지 별 하나
보이지 않고
남은 별이 둘이서
눈물 흘린다.

형제별

감자꽃

_권태응

자주 꽃 핀 건 자주 감자
파 보나 마나 자주 감자.
하얀 꽃 핀 건 하얀 감자
파 보나 마나 하얀 감자.

감자꽃

_권태응

자주 꽃 핀 건 자주 감자
파 보나 마나 자주 감자.
하얀 꽃 핀 건 하얀 감자
파 보나 마나 하얀 감자.

봄 뜰

_오두섭

개나리 가지가
조롱조롱
꽃등을 달았다.
속삭이며
속삭이며
물 이른 금빛
앞산을 넘어온
노랑나비 한 쌍
밤새껏 감춰 둔
봄 향기로
금빛 꽃등에
덧칠을 한다.

봄 뜰
오두섭

조개껍질

_윤동주

아롱아롱 조개껍데기
울언니 바닷가에서
주어온 조개껍데기

여긴여긴 북쪽나라요
조개는 귀여운 선물
장난감 조개껍데기

데굴데굴 굴리며 놀다
짝잃은 조개껍데기
한짝을 그리워하네

아롱아롱 조개껍데기
나처럼 그리워하네
물소리 바닷물소리.

조개껍질 윤동주

우리나라 예쁜 동시 따라 쓰기

초판 1쇄 인쇄 2025년 11월 3일
초판 1쇄 발행 2025년 11월 11일

엮은이 이강래
펴낸이 박찬욱
펴낸곳 오렌지연필
주소 (10550) 경기도 고양시 덕양구 삼원로 73 한일윈스타 1422호
전화 031-994-7249
팩스 0504-241-7259
메일 orangepencilbook@naver.com

ⓒ 오렌지연필
ISBN 979-11-89922-70-2 (13810)

* 잘못 만들어진 책은 구입처에서 교환 가능합니다.

본 저작물은 문화체육관광부에서 작성하여 공공누리 제1유형으로 개방한 '안심 글꼴파일 서비스'를 이용하였습니다.
해당 저작물은 https://www.mcst.go.kr/kor/s_policy/subPolicy/contents/contents09.jsp?pSeq=36에서 무료로 다운받으실 수 있습니다.